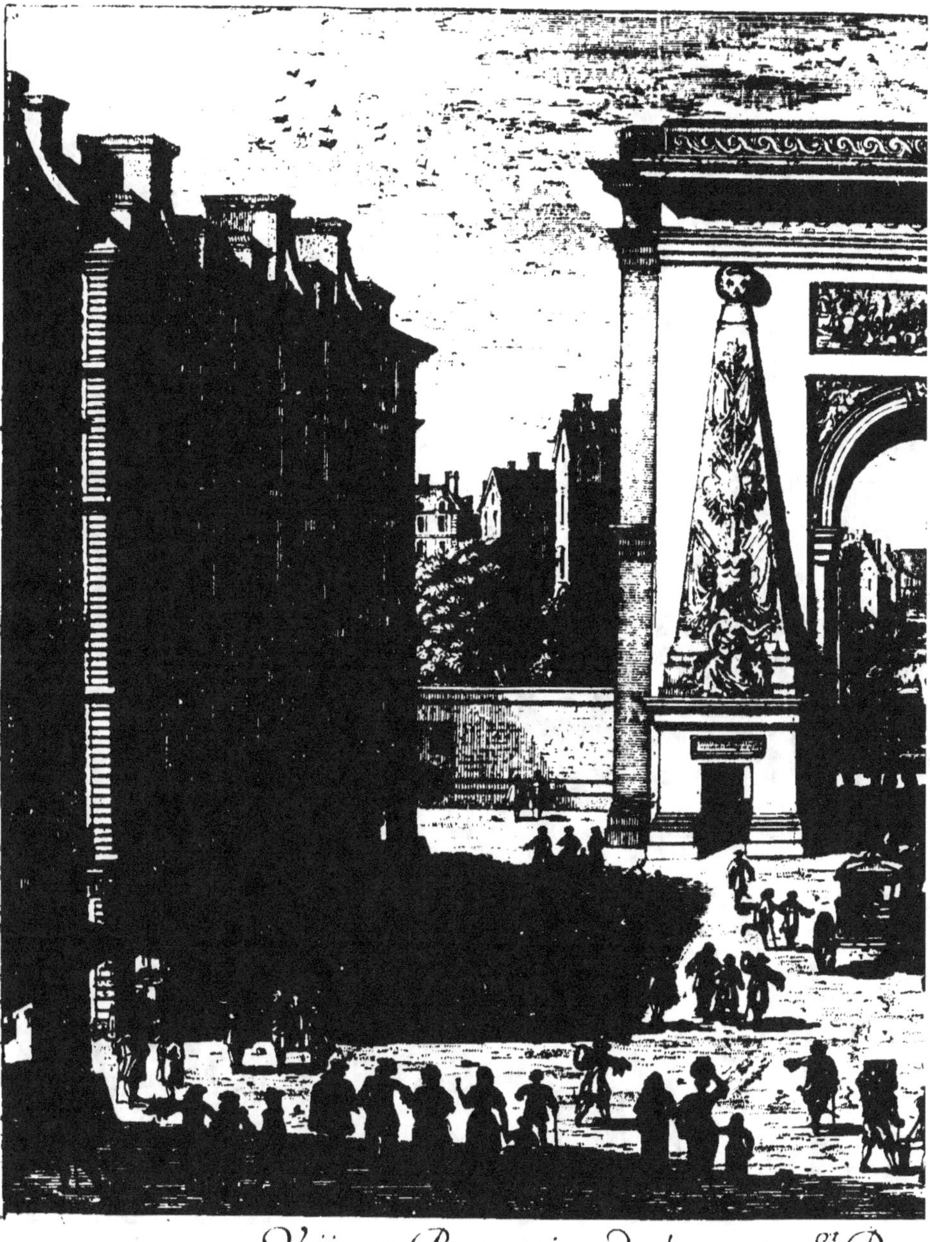

*Veüe et Perspective de la porte S.<sup>t</sup> Den...*

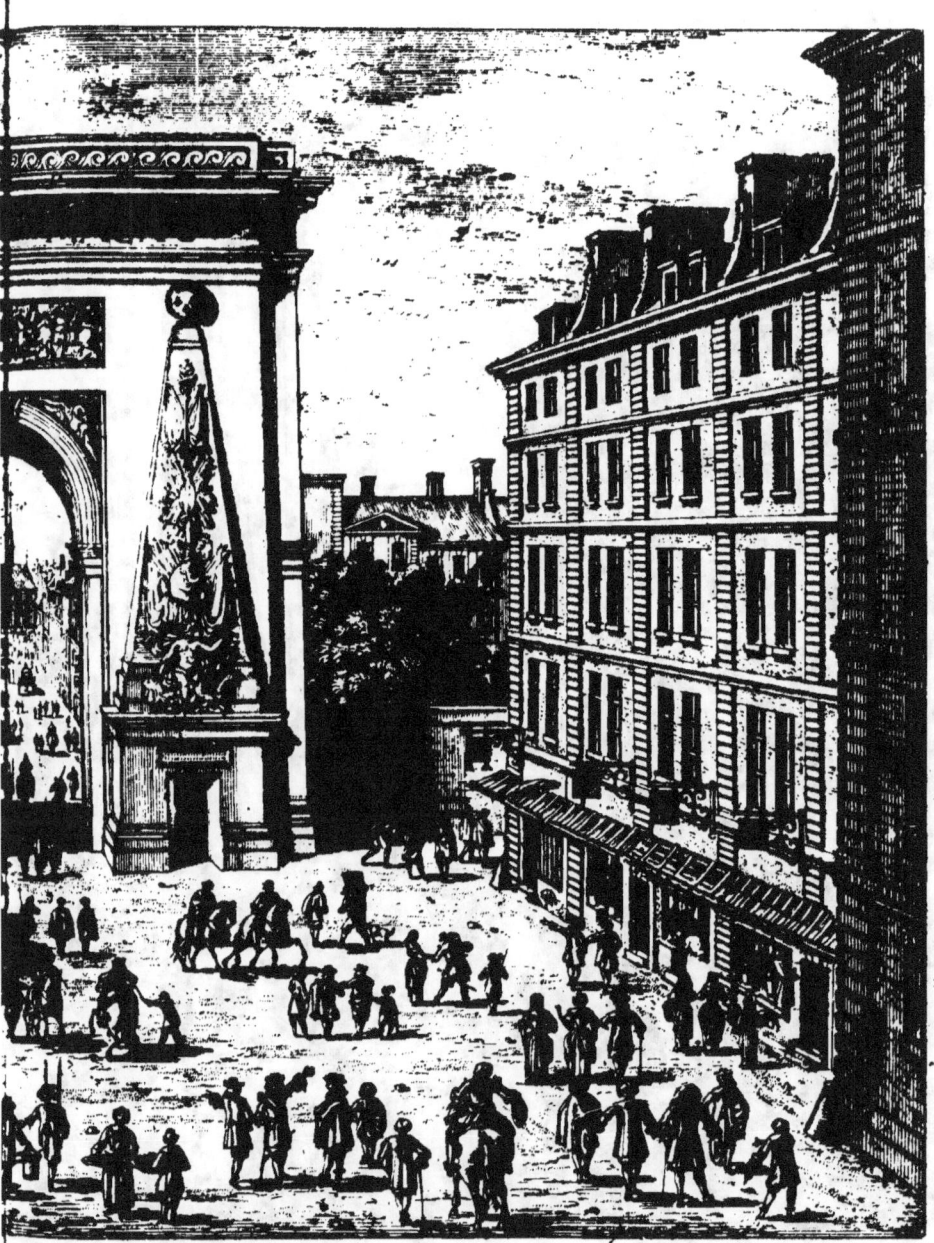

s nouuellement acheuée de batir

Ærelle del. et fecit.

# SUJET
# DES AMOURS
## DU SOLEIL.
## TRAGEDIE EN MACHINES,

*Representée sur le Theatre Royal du Marais,*
*en Février 1671.*

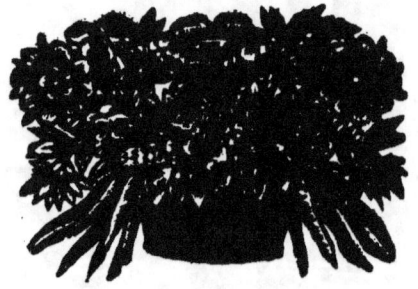

A PARIS,

Chez PIERRE PROME', proche les grands Augustins,
à la Charité.

————————

M. DC. LXXI.

*Avec Permission.*

# SUJET
# DES AMOURS DU SOLEIL,
## TRAGEDIE EN MACHINES.

TOute la France sçait que l'on a veu representer sur le Theatre du Marais des pieces en Machines, dont l'éclat & la magnificence ont fait quelquefois douter aux Estrangers, que des particuliers eussent pû faire une si grande despence. L'Andromede, La Toison d'Or, & la Semelé, sont les trois dernieres Pieces de Spectacle qui ayent paru sur ce superbe Theatre. Ce n'est pas que depuis quelques années, on n'en ait veu beaucoup dans le mesme lieu, ausquelles on a donné le nom de Pieces de Machines, bien qu'elles ne le meritassent pas tout à fait. Celle des Amours du Soleil ne doit pas estre mise au nombre de ces dernieres, puisque jamais aucune Troupe du Marais n'a fait voir un si grand Spectacle, & que celle qui l'occupe aujourd'huy a voulu montrer qu'elle estoit capable de soustenir une grande dépence, & faire en mesme temps perdre le souvenir des dernieres Pieces qu'elle a representées, qui ne pouvoient justement estre appellées Pieces de Machines, & à qui l'on n'a donné ce nom qu'à cause de quelques ornemens qui les faisoient paroistre avec plus d'éclat que les pieces unies. Je croy que l'on ne doutera point de la grandeur du Spectacle de celle qui fait le sujet de ce livre, lors qu'on sçaura qu'il y a huit changemens magnifiques sur le Theatre d'enbas, & cinq sur celuy d'enhaut, & que toutes ces superbes decorations seront accompagnées de vingt-quatre tant vols que Machines volantes; ce qui ne s'est jamais veu, en si grand nombre dans aucune piece. Les Machines seront considerables

A

par trois chofes, par leur grandeur, par la furprife des Specta-
cles qu'elles produiront, & par l'invention, eftant certain
qu'on n'en a jamais fait qui ayent produit de pareils effets, &
que l'on en verra plufieurs qui occuperont toute la face du
Theatre. Le fujet de cette piece eft tiré du quatriéme Livre
des Metamorphofes d'Ovide. Le Soleil ayant découvert l'a-
dultere de Venus avec Mars, cette Déeffe outragée dans
fon amour voulut en eftre vangée par l'Amour, & le rendit
amoureux de Leucothoé fille d'Orchame Roy de Perfe.
Cette nouvelle paffion obligea le Soleil d'abandonner Clitie
fille de Thetis & de l'Ocean qu'il avoit tendrement aymée.
Il prit la forme de la mere de cette Princeffe, pour entrer
dans fa chambre: Et Orchame l'ayant apris par Clitie, il fui-
vit les mouvemens d'une cruauté qui luy eftoit ordinaire,
& fit enterrer fa fille toute vive. Ainfi Venus fut vengée
par la douleur que la perte de cette Princeffe fit fentir au
Dieu du jour. Le Soleil indigné contre Clitie, ne la voulut
plus voir, & fon regret la fit bien-toft apres mourir en langueur. Il les changea toutes deux, la Princeffe en l'arbre qui
produit l'Encens, & Clitie en foucy ou Tournefol, pour marquer qu'elle eftoit morte de foucy, & qu'elle avoit toufiours
eu les yeux tournez vers luy, mefme apres en avoir efté
quittée. Voilà ce qu'en dit Ovide, & cette Fable fournit tous les caracteres; on y voit un Pere cruel, une Princeffe
tendre, une Amante abandonnée, & qui conferve neantmoins fon amour, un Dieu embaraffé, & une Déeffe qui veut fe
vanger, & qui apres avoir fait prendre de l'amour à Apollon,
veut qu'il perde ce qu'il ayme fans ceffer de l'aymer. Tout
cela fans y rien ajoufter ny diminuer, fournit la matiere d'un
tres ample fujet. Auffi ny ay-je ajoufté qu'un Prince Perfan
qui eft amoureux de Leucothoé. J'ay pourtant évité deux
chofes qui font prefque dans toutes les pieces de Machines
où il y a de femblables Amants; je veux dire que je n'ay

point fait de Scenes du Dieu avec son Rival', & qu'Apollon ignore qu'il ayme la Princesse; & elle ne l'apprend elle-mesme que dans le cours de la Piece. La seconde chose que j'ay évitée, c'est de faire la Princesse promise à cét Amant par ses parens, de maniere qu'il n'y a rien dans cette Tragedie qui ressemble à toutes les Pieces de Spectacle que l'on a veuës, soit à l'égard du sujet, soit à l'esgard des machines. Quoy qu'il soit ordinaire de voir une Amante abandonnée, comme Clitie, la maniere honneste dont elle en use avec Apollon, ne laisse pas de faire voir quelque chose de nouveau dans son caractere, puis qu'on voit peu d'Amantes delaissées, dont les emportemens ne soyent meslez de choses qui outragent un Amant, au lieu que les siens sont seulement amoureux, & qu'on peut dire qu'ils font voir tout ce que la plus violente passion peut produire dans le cœur d'une femme. Elle a raison d'en user de la sorte, puis qu'un Dieu n'est pas si coupable qu'un autre, lors qu'il quitte une mortelle. Ie la fais donc outrée d'amour pour Apollon, malgré son infidelité. Ie suis en cela Ovide, & quelque violente passion que je luy donne, on ne peut me blasmer de la faire trop aymer, puis qu'il faut qu'elle meure d'une langueur amoureuse. Apollon ne pouvant se deffendre de conserver de l'estime pour une personne qui l'ayme si tendrement, encor qu'elle en soit quittée, on ne doit pas s'estonner s'il en a beaucoup pour elle. Cette estime donne beaucoup d'allarmes à Leucothoé qui est une Princesse douce, dont la tendresse n'est toutefois pas moins forte que celle de Clitie: Elles paroissent pourtant d'un caractere opposé, parce que la tendresse de Clitie, doit estre plus animée, à cause qu'elle est quittée. Je laisse au pere son caractere cruel, d'autant qu'il est necessaire pour finir la Piece. Je laisse à Venus sa haïne, parce que c'est cette haïne qui fait mouvoir toutes les Machines. Jupiter prend le party d'Apollon, & ruïne souvent tous les artifices de Venus ; mais ce n'eſt qu'avant qu'elle ait triomphé. Car un Dieu ne defait point ce qu'un autre a fait, mais il peut agir pour ſervir ceux dont il prend le party , & les faire avertir de ce qui ſe paſſe. On a ſouvent veu des Dieux les uns contre les autres, & prendre des partis differens, les Poëmes de l'Antiquité en ſont pleins. Ainſi ce combat de Dieux contre Dieux, eſt authoriſé , & il rend les Machines juſtes. Elles ſont neceſſaires, parce que Venus qui fait tout mouvoir n'agit que par là, & qui les oſteroit deſtruiroit tout le ſujet, puis qu'elles ſont tous les incidents. Rien ne dement la Fable dans la fin de cette Piece, non plus que dans le commencement ; & l'on peut dire qu'il n'y a rien qui n'en ſoit, puiſque tous les caracteres en ſont tirez, particulierement celuy de Clitie qui fut aymée du Soleil, qui en fut quittée, qui bien qu'abandonnée , eût touſiours les yeux ſur ſon Amant, qui mourut de langueur, & qui fut metamorphoſée en Giroſol.

# PROLOGVE.

L'Ouverture du Theatre fait voir des Rochers des deux coſtez, & dans le milieu le Mont Helicon avec ſes deux croupes, ſur l'une deſquelles eſt le Cheval Pegaze, qui ayant ſes aisles étenduës, & n'eſtant apuyé que ſur un pied, ſemble preſt à s'envoler. Vn air ſerain paroiſt entre ces deux croupes, qui fait un eloignement à perte de veuë. Toute cette Montagne eſt de grandeur naturelle, & meſme en relief : & l'on n'en doute pas, puiſque 'es neuf Muſes ſont deſſus; accompagnées d'Apollon qui eſt au milieu d'elles. Rien ne fut iamais ſi naturel que cette Montagne, & les arbres en ſont ſi bien detachez qu'il ſemble que la Nature n'ait rien produit de ſi beau. Apollon commence le Prologue , & dit aux *Muses*, qu'il faut qu'il les quite pour aller voir *Leucothoé* qui regne depuis peu sur son cœur. Les *Muses* luy témoignent leur chagrin de son depart, & la crainte qu'elles ont qu'il ne les abandonne, quand il sera arresté par l'*Amour*. *Apollon* leur répond que l'*Amour* a besoin des *Muses*: & que leurs vers aydent souvent aux *Amants* à faire des conquestes. Les *Muses* en demeurent d'accord & ajoustent qu'*Apollon* n'a pas besoin de leur secours pour plaire, qu'elles tiennent de luy tout ce qu'elles sçavent, & qu'elles ne seront plus considerées s'il les abandonne. Ce *Dieu* leur fait connoistre qu'elles ne peuvent estre abandonnées, que leur gloire croistra tousiours, & que les *Dieux* doivent donner à la *France* un grand *Roy* qui doit faire des choses estonnantes pour elles, qui fera refleurir les *Sciences* & les beaux *Arts*, & qui recompensera le merite de tous ceux qui en auront. Il les invite de donner tous leurs soins à travailler pour sa gloire, de le placer par avance au *Temple de Memoire*, & de le mettre au dessus de tous les demy-*Dieux*. Les *Muses* répondent, qu'elles le peindront si bien dans leurs *Ouvrages* que le *Portrait* ne s'en perdra iamais. *Apollon* leur fait voir qu'elles n'ont iamais eu de matiere si belle que celle que leur fourniront les exploits de ce grand *Roy*, qu'il sera le plus parfait modele que l'on puisse donner aux *Monarques*, & que ses *Neveux* auront quelque iour peine à croire ce qu'en raportera l'*Histoire* la plus modeste. Les *Muses* promettent de travailler pour luy avec plaisir. *Apollon* leur dit *Adieu*, & s'envole sur un nuage qui le prend au milieu du *Theatre*. Les *Muses* disparoissent & la *Montagne* demeure. L'*Amour* sort d'une des premieres aisles du *Theatre*, nonchalamment couché sur un nuage: & demande à *Apollon* s'il ose bien aller voir sa *Maistresse*, sans l'avoir consulté. Cela donne lieu à une *Scene* pleine de raillerie, dans laquelle chacun essaye de faire voir qu'il est plus puissant que l'autre. L'*Amour* se plaint de ce qu'*Apollon* a découvert à tous les *Dieux* les *Amours* de *Mars* avec sa mere, & le menace de s'en vanger. Mais il ne luy dit pas de quelle maniere il en tirera van-

B

geance : & pour l'embaraffer, il l'affeure qu'il fera aymé de la Beauté dont il eft épris, mais que fa mere fera pourtant vangée. Enfuite l'Amour s'envole d'un cofté, pendant qu'Apollon eft porté de l'autre par le nuage qui le fouftient. On doit remarquer que l'Amour fe détache du fien, qui fe retire dés que ce Dieu s'envole, & que ce vol eft plus furprenant que s'il eftoit enlevé fur le mefme nuage.

## ACTE PREMIER.

DE grandes Allées de pins & de cyprez toutes remplies de Statuës de marbre blanc font la decoration du premier Acte, & le Ciel paroift dans l'enfoncement comme on le voit au lever de l'Aurore. Le Roy de Perfe paroift dans ce Iardin avec un des Princes de fa Cour. Il luy dit que puifque tous les fecrets de l'Eftat luy font defia connus, il luy en veut confier un autre qui regarde la princeffe fa fille, dont il ne peut affez condamner la foibleffe. Theafpe, c'eft le nom de ce prince, paroift d'autant plus furpris qu'il ayme fecrettement cette princeffe. Le Roy luy fait connoiftre qu'ils doivent s'éloigner pour découvrir ce qu'il luy veut faire voir.

Clitie paroift dans le mefme Iardin avec Nerice fa confidente, au moment que le Roy en fort. Cette confidente veut empefcher cette Nymphe d'aller plus loin, en luy difant qu'elle voit quelqu'un. Clitie ne laiffe pas d'avancer, & en luy defcouvrant le fujet qui l'a fait venir dans ce Iardin, elle luy fait connoiftre qu'elle ne fçauroit ceffer d'aymer Apolon, encore qu'elle n'en foit plus aymée. Cette Scene fait connoiftre fon caractere.

palmis, confidente de Leucothoé, paroift dans le mefme Iardin, & ne trouvant point le Dieu du Jour qu'elle cherche, elle fait une Scene avec Clitie qui l'interroge fur les

Amours de ce Dieu & de la princesse. Clitie se retire voyant venir sa Rivale. La princesse demeure avec sa confidente, & luy fait connoistre l'estat de son ame & les maux qu'elle craint, & qui semblent luy estre predits par les songes fâcheux qu'elle fait souvent. Palmis luy conseille d'aller dans l'Antre du Sommeil pour s'en éclaircir. Le temps se couvre & un nuage sombre les obligent à s'eloigner. Le Ciel s'ouvre, & le Soleil en sort dans un Char tout brillant, & tel qu'Ovide le dépeint, avec des roües d'or, & des rayons d'argent, traisné par quatre chevaux blancs qui souflent du feu. Il est sur un amas de nuages que les chevaux foulent, & ces nuages s'élevent encor autour du char, & au tour du Soleil. Cette brillante Machine éclairée de cent lumieres, s'avançant lentement, le Soleil fond un gros nuage obscur qui paroist à l'un des costez du Theatre vers le devant. On en voit peu à peu les nuages se dissiper, en se detachant tantost par morceaux & tantost par bandes, qui font de longues traisnées de nuages, entre lesquels de petits Jours laissent voir la clarté du Soleil. Ce gros nuage descend tousiours à mesure que le Soleil avance, & quand il est à terre il ne reste plus de nuages; & Venus qui estoit envelopée dans celuy que le Soleil a dissipé, reste à descouvert. Ce Dieu descend de son Char, les nuages qui l'environnoient se perdent, & le char s'en retourne. Apollon fait une Scene avec Venus, meslée de raillerie. Cette Déesse en se separant d'avec Apollon fait connoistre que c'est la hayne & la vangeance qui l'ameinent; & quand elle s'est retirée, ce Dieu fait connoistre aussi qu'il se doute qu'elle cherche à se vanger de luy. La Princesse voyant le temps serain revient dans le mesme lieu; elle trouve le Dieu du Jour, il luy parle de sa passion avec beaucoup de chaleur; & la princesse sans luy avoüer la sienne, luy laisse deviner qu'elle en sent beaucoup. Elle témoigne qu'elle craint qu'il ne soit encor touché des charmes de Venus ou de Clitie

qu'il a aymées. ce Dieu l'a r'asseure & l'avertit de se deffendre
des pieges de Venus, qu'il ne croit descenduë en terre, que
pour traverser leur amour. La Princesse paroist moins allarmée de ce que Venus peut faire contre elle, que de la crainte
qu'elle a d'estre surprise par son Pere, dont elle decouvre l'humeur cruelle. Elle l'aperçoit en ce moment, il ne paroist qu'à
dessein de la surprendre, ne s'estant retiré que pour cela à l'ouverture de cét Acte. Apollon commande aux Brouillards de
l'entourer. Il s'en éleve un fort épais qui envelope le Soleil &
se dissipe sans qu'on sçache ce que ce Dieu devenu. La Princesse se retire à la faveur du brouillard. cette avanture surprend
le Roy & le Prince, qui n'avançant qu'à mesure que ce brouillard se dissipe, ne trouve plus personne. Le Prince s'emporte
contre ce Rival inconnu, & le Roy qui ignore son amour at-
tribuë ses emportemens à l'excés du zele qu'il a pour luy. Il
parle de faire mourir sa fille. Ce Prince l'en detourne, le prie
de ne point éclatter, & luy promet qu'il taschera d'aprendre
le nom de l'Amant de la Princesse. Le Roy luy en laisse tout le
soin : & va se divertir à la chasse pour oublier son chagrin.

## ACTE SECOND.

UNe grande allée d'arbres verts découpez à jour, prend
la place de la decoration du premier Acte, & l'œil peut
à peine en decouvrir le bout. Venus y fait une Scene avec
Theaspe, où elle luy declare qu'elle vient pour traverser les
amours d'Apollon, & de la Princesse de Perse : & que la Discorde, l'Envie, & les autres filles d'Enfer, serviront son cour-
roux. Elle luy exprime le plaisir que donne la vangeance, &
luy dit qu'il rencontrera quelques momens heureux quand
elle travaillera pour se vanger : & elle le quitte avec resolution
de faire voir bien tost des effets de son ressentiment. Theaspe
a de la peine à croire que la Princesse puisse cesser d'aymer un
si grand

grand Dieu que le Soleil. Il aperçoit Clitie, & tasche de l'aimer contre Apollon, en luy conseillant de le brouiller avec sa nouvelle maistresse. Mais il ne la trouve pas disposée à suivre des conseils qui sont autant pour luy, que pour elle : de maniere qu'il se retire assez mal satisfait. Il la laisse avec sa confidente, avec qui elle fait une Scene touchant l'état de son cœur. La Princesse la surprend comme elle soupire : & l'excés de l'amour que Clitie ressent pour Apollon, fait que cette Amante se trahit elle-mesme, en engageant par le bien qu'elle dit de luy, sa Rivale à l'aimer d'avantage. Elle s'en repent en la voyant partir. Apollon vient un moment apres; & paroist surpris de trouver Clitie où il croyoit trouver la Princesse. Cette triste Amante ne s'emporte point contre luy : elle ne le traitte point d'infidelle, & luy fait seulement voir l'excés de sa passion, & se retire apres luy avoir fait une peinture touchante de tout ce qu'elle sent. Il en est attendry; mais il oublie cette renaissante ardeur à la veuë de la Princesse qui se plaint de ce qu'il soupire apres avoir veu Clitie. Il la rasseure, & se retire pour n'estre point veu de Theaspe qui cherche la Princesse. Ce Prince fait dans cette Scene ce qu'il a promis au Roy, dans le premier Acte : & quoy que cette Princesse n'eût jamais voulu luy faire connoistre qu'elle s'apercevoit de son amour pour elle, & qu'elle eût fait toute chose pour en éviter une declaration, il la met en estat de luy dire elle-mesme qu'elle en est aymée. Cette Princesse le prie de ne point découvrir à son pere qu'elle ayme le Soleil : ce qui embarasse beaucoup le Prince. La Jalousie paroist à un des costez du Theatre sous l'habit de Pallas, portée par un amas de nuages, aussi bien que l'Envie qui paroist de l'autre costé, sous l'habit de Mercure, portées par des nuages aussi qui produisét un effect & jettent un éclat qu'on n'a point encor vû au Theâtre. Elles conseillent toutes deux à cette Princesse de ne plus aymer le Dieu du Jour, & mesme de ne luy parler jamais : &

C

s'en retournent par un vol croifé. Theafpe qui fe doute que
c'eft un effet de l'artifice de Venus, veut tâcher de profiter de
l'occafion: mais il n'en trouve pas la Princeffe plus favorable
à fes vœux. Elle fe retire pour fonger à ce qu'elle doit faire:ne
voulant point prendre de confeil du Rival du Soleil.

## ACTE TROISIESME.

UN Jardin fait la decoration de cet Acte, & il eft fi mag-
nifique & fi furprenant que l'on n'en a jamais veu un fi
beau fur la Scene. Ie ne m'arrefteray point à le décrire, afin de
laiffer à l'auditeur le plaifir de la furprife. Venus y rencontre
Clitie, qu'elle excite à perdre fa Rivalle : & fe retire ne trouvant pas cette Nimphe difpofée à fuivre fes confeils. Clitie dit
à fa confidente, qu'elle connoift bien que Venus vouloit fe
fervir d'elle pour fe vanger d'Apollon. Elle fait une Scene,
avec la Princeffe, qui luy dit les mefmes chofes qu'elle avoit
deffein de luy dire. Clitie qui croit de loin apercevoir Apollon, fe retire, pour aller le joindre : & laiffe cette Princeffe
avec fa confidente. Vn moment apres, trois femmes qu'on
ne peut prendre que pour des Divinitez, paroiffent dans trois
nuages, que la clarté de plus de cent lumieres enfermées dans
chacun, fait briller extraordinairement. Ces trois Nuages
viennent de trois coftez ; & rempliffent non feulement toute
la face du Theatre, mais ils occupent encor une partie des
aifles. Ils font faits d'une maniere toute nouvelle : & l'on n'en
a point encor veu de fi brillans ; mille petits Jours qui font entre les roulemens, faifant paroiftre une clarté qui pourroit
feule éclairer tout le Theatre, & toute la falle, s'il n'y avoit
point d'autre lumiere. Les trois perfonnes qui font fur ces
nuages, donnent des avis à la Princeffe qui jettent fon efprit
dans de nouveaux embarras : & ces trois Machines s'elevant
lentement pour s'en retourner, laiffent voir à mefure qu'elles

remontent, trois Furies qui excitent la curiosité du spectateur, & qui tiennent chacune en une main un flambeau allumé & plusieurs serpens dans l'autre. Elles n'ont pour coeffures que des serpens autour de la teste ; leur habillement est une longue robe noire, toute semée de flâmes, avec une ceinture de plusieurs serpens. Ces Furies disent à la Princesse, que celles qui viennent de parler estoient des Fantosmes qu'elles animoient, par l'ordre de Venus : mais que l'ordre de cette Déesse estant executé, elles viennent par le commandement de Jupiter, luy dire ce qu'elles ont fait contre elle, & l'avertir que celles qui luy ont aussi donné des conseils, quelque téps auparavant, estoient la Jalousie, & l'Envie, sous l'habit & la forme de Pallas, & de Mercure. Ce qu'elles disent ensuitte, montre qu'elles peuvent faire de semblables messages : & je puis aioulter à ce qu'elles disent, qu'elles ne sont pas toûiours employées pour faire du mal, comme quelques-uns se persuadent. Virgile marque qu'elles sont devant le trosne de Jupiter, pour voir s'il se veut servir d'elles. Pausanias dit qu'Oreste qui les vit noires, quand il devint fol, les vit blanches, quand il revint en son bon sens. Aussi dit-on qu'il les appaisa s'estant acheminé à Argos, suivant le conseil de Pallas, & qu'il les nomma du mot Grec, Eumenia, qui signifie bienveillance, mansuetude, & benignité : & c'est pourquoy, elles ont retenu le nom d'Eumenides. Toutes ces choses sont plus que suffisantes pour authoriser ce que ie leur fais faire : qui à le bien prendre, n'est point tout à fait un bien, puisque l'avertissement qu'elles donnent nuit à Venus, & que c'est plûtost avoüer par force, le mal qu'elles ont fait, que rechercher d'elles mesmes à rendre service. Quand elles ont achevé de dire à la Princesse ce que Jupiter leur a ordonné de luy faire sçavoir, elles tombent aux enfers. La Princesse temoigne qu'elle n'est pas moins embarassée qu'auparavant : & en dit les raisons. Apollon qui a tout sçeu, par l'ordre de Jupiter son pere, tas-

che de remettre son esprit. La Discorde paroist sous l'habit &
la figure de Junon : & veut empescher la Princesse de croire
ce que les Furies luy ont dit. Apollon asseure la Princesse que
ce n'est point Junon : & prie Jupiter de le faire connoistre. Jupiter paroist dans le ciel : & apres avoir decouvert que c'est la
Discorde qui parle, sous la forme de Junon, il lance la foudre.
Le char se brise en morceaux qui se separent, & paroissent
enflammez, au milieu de l'air. Ils se perdent de plusieurs costez : & la Discorde tombe dans une des aisles du Theatre. Il
ne s'est jamais rien fait de si hardy, ny de si surprenant que
cette machine : & le mesme char qui paroissoit tout brillant,
tant il est enrichy, paroist en un clein d'œil tout en feu & en
pieces sans que le spectateur puisse decouvrir cómét se fôt des
choses si extraordinaires. Si cette machine donne beaucoup
de gloire au Machiniste, celuy qui est dedans le char & dont
depend une partie de l'execution n'en a pas moins ; & si l'Auteur osoit, il diroit que son invention doit estre comptée
pour quelque chose. Il est à remarquer qu'encor que la Discorde soit foudroyée, elle n'est pas aneantie : & que Jupiter ne
lance la foudre que pour briser son char, afin de montrer par-
là qu'elle n'est point Junon. Il la peut faire tomber de la sorte, puis qu'il l'a une autre fois precipitée des cieux, apres qu'elle
eût jetté la pomme d'Or, aux nopces de Pelée & de Thetis, il
a bien aussi precipité Vulcan, & le Sommeil : & il y a mesme
des exemples qu'il a foudroyé des Dieux. Mais ce n'est pas icy
un lieu pour en parler. Retournons à la Princesse, dont les
bontez de Jupiter devroient avoir remis l'esprit. Neantmoins,
elle n'est guere plus satisfaite : & l'humeur cruelle de son pere
l'empesche de gouster tranquillement, le plaisir d'estre aimée.
Elle quitte Apollon, parce qu'elle craint le retour de son pere,
& qu'il ne la trouve avec ce Dieu. Il n'est pas long-temps seul.
Clitie qui estoit allée par un autre endroit, pour le joindre, l'a-
perçoit un peu avant que la princesse sorte d'avec luy : & at-
tend

tend qu'elle foit éloignée pour luy donner de nouvelles mar-
ques de fa paffion. Il fait voir fon embarras, & fe retire: & Clitie fait connoiftre à fa confidente qu'elle l'aymera toûjours
& qu'elle va tout faire pour remplir la volonté du deftin qui
femble avoir refolu qu'elle recherche toûjours à le voir.

## ACTE QUATRIESME.

LA decoration reprefente l'Antre du Sommeil. Elle eft
remplie d'un nombre infiny de fonges, fous diverfes figures : & l'on ne fe peut rien imaginer qu'on n'y trouve. On y
voit des ports de Mer, des Bachantes, des Geants, des Nains,
des Vieillards, des Ruines, des Vazes, & Cuvettes d'or & d'argent, des Batailles, des Oyfeaux, des plantes, des Fleurs, des
Incendies, des perfonnes, qui dorment & qui refvent. On y
voit auffi des Villes, des Sacrificateurs, des Lions, des Tigres,
des paons, & generallement tout ce que l'on fe peut imaginer, puis qu'ils reprefentent les fonges, & qu'il n'y à rien qu'on
ne puiffe fonger. Ce furprenant Theâtre eft d'un des plus
habiles hommes de France: & qui à la main la plus hardie
pour la detrempe. L'on n'en doutera pas quand on fçaura
qu'il eft de celle de M. Prat & qu'il s'eft furpaffé luy mefme.
Ce Theatre doit exciter beaucoup de curiofité: & une jour-
née entiere ne peut fuffire pour le bien confiderer. On
peut dire qu'il en renferme feul plus de trente, puis qu'un arbre où une colonne, où une ftatuë ont jufques icy, fait feuls
une decoration. Ie dis feuls parce qu'eftant redoublez c'eft
toûjours la mefme chofe: Mais il n'en eft pas de mefme de
celuy-cy ; puifque l'on voit quelque chofe de nouveau, dans
chaque chaffis. Vers le bout du Theatre, le Sommeil eft couché fur un lit d'Ebeine. Il à une longue robe blanche qui
marque le jour, & une noire parfemée d'Eftoilles, qui mar-

D

que la nuit. Il a de grandes aifles, il tient une verge à la main,
avec laquelle il touche les hommes, & les fait dormir: & dans
l'autre, il a une Corne. Les Poëtes en donnent la raifon: Mais
ce n'eft pas ce qu'on cherche icy. Je diray pourtant, pour me
juftifier, d'avoir mis un Antre du Sommeil en Perfe, qu'Ovide en met un prés les Monts Cymeriens, Homere en l'Ifle de
Lemnos qui eft dans la Mer Ægée, Stace entre les peuples
d'Etiopie, & l'Ariofte en Arabie. Si l'on doute dans lequel de
ces quatre endroits fe trouve l'Antre du Sommeil, on peut
bien douter de cinq, où s'il s'en trouve dans tous ces lieux-là,
il y en peut auffi avoir un en Perfe. La Princeffe dont la venuë
en cét Antre eftoit preparée dans les autres actes vient avec
Palmis: Mais à peine, à telle fait fon invocation qu'elle en-
tend un terrible Tonnerre non feulement fur le Theatre mais
encor par toute la falle, les Vents la traverfent: & l'un vient
d'un cofté, pendant que l'autre va de l'autre. Celuy qui vient
fur le Theatre fait plufieurs tours en rond, comme un tour-
billon & fe perd dans les airs. Enfuite le Sommeil part du
fond du Theatre ou il eft couché & s'envole fur le ceintre. Le
filence qui eftoit debout au chevet de fon lit, & le repos qui
eftoit nonchalamment, couché fur le pied, le fuivent: & ces
trois rapides vols fe font en mefme temps & le lit du Sommeil
s'abifme. A l'inftant qu'ils font envolez le Theatre change
en un defert. Le tonnerre recommence quelque temps
apres, puis le Ciel s'ouvre, & l'on en voit fortir Æole,
accompagné de plufieurs vents fur des nuages enflamés.
Il fait entendre a la princeffe que par l'avis des Dieux,
Jupiter n'aprouve plus fon amour, & que c'eft pourquoy le fommeil n'a point voulu l'entendre. Ce nuage fe
fepare en trois. Æole va fur le ceintre, & les autres nuages qui
portent les vents, vont l'un à droit & l'autre à gauche. Cette
furprenante machine parle affez d'elle mefme, fans qu'il foit

besoin d'en exagerer la beauté qui n'a rien que de nouveau.
Cét acte est si remply de machines & de vols, qu'il y a beaucoup de pieces entieres ou l'on n'en trouve pas tant. Le spectateur ne sçait d'abord ou jetter la veuë : & tout ce qui se pas-
se devant, derriere, & a costé de luy, a dequoy l'occuper : & il
voit tant de choses, coup sur coup, qu'il n'a pas le temps de
les conter, & qu'il luy doit rester un desir extreme de les re-
voir. Theaspe trouve la Princesse dans le desert : & luy en dit
les raisons. Elle le reçoit froidement, & ne se peut resoudre à
l'aymer, encor qu'elle croye perdre Apollon. Elle se retire,
& luy deffend de la suivre. Il en est au desespoir. Venus viene
qui luy raconte par quels moyens elle a fait tout ce qui s'est
passé & comment Æole la servie à la priere de Junon qui hait
tous les enfans de Jupiter, & qui a long-temps poursuivy La-
tone sa Mere. Theaspe se retire, & Venus & Apollon font une
Scene de raillerie, ou ils ont tour à tour l'avantage. Venus le
quitte, en luy disant qu'encore que tous ses desseins soyent
decouverts ; il luy reste encore un moyen de se vanger. Clitie
qui ne peut vivre sans le voir, oblige ce Dieu à la plaindre & à
luy faire connoistre qu'il luy reste beaucoup de tendresse pour
elle. Il depeint l'Estat confus de son ame : & paroit plus touché que dans les deux Scenes qu'elle a faite avec luy. Il ne faut
pas s'en étonner, on resiste une fois, ou deux, quand on a pris
une forte resolution : Mais cela ne fait pas qu'on soit toûjours
insensible. Les troubles du cœur d'Apollon ne donnent qu'un
faux espoir à cette malheureuse Nimphe : & tout ce qu'il luy
dit n'empesche pas qu'elle ne connoisse que la Princesse est
toûjours la plus forte dans son cœur. Elle se retire avec ce chagrin : & Apollon qui demeure seul, fait connoistre l'estat de
son ame. Puis sort pour aller r'asseurer l'esprit de la Princesse,
& luy dire que tout ce qu'elle a veu dans l'Antre du Sommeil,
n'est qu'un effet de la vangeance de Venus.

## ACTE CINQVIESME.

ENcor que l'on ait veu dans les actes precedans, de dif-
ferents endroits des Iardins du Roy de Perſe, pour
l'embeliſſement deſquels l'Art & la Nature ſembloient avoir
épuiſé leurs merveilles : Il faut neantmoins qu'ils le cedent
à la beauté de celuy qui fait la decoration de cét Acte. Vn
nombre infiny de Statuës differentes, de Fontaines & de
Vazes remplis de fleurs en confuſion, & tout ce qui ſe peut
voir dans un jaidin, ſe rencontre dans celuy-cy. Le Theatre eſt fermé par pluſieurs Arcades qui compoſent un Berceau, au bout duquel on découvre un partere remply de
figures. Entre toutes les Arcades qui forment ce Berceau,
on voit quantité de Termes qui portent ſur leurs teſtes des
corbeilles d'or pleines d'un nombre infiny de fleurs differentes, dont la vivacité réjoüit la veüe. peut-eſtre que quelqu'un s'eſtonnera de ce qu'il y a taut de jardins dans cette
piece : Mais on eſt en perſe dans les jardins comme on eſt
icy dans des appartements, & les Roys y donnent Audien-
te aux Ambaſſadeurs. De plus Apollon auroit eſté découvert
s'il euſt eſté voir ſouvent la princeſſe dans le palais, & quoy
qu'il l'a voye dans des jardins, il luy marque meſme de la
crainte d'eſtre deſcouverts, ils ne ſe voyent pas touſiours
dans les meſmes endroits. Je pourrois alleguer d'autres rai-
ſons, mais ie fatiguerois la patience du Lecteur, qui cherche
icy autre choſe. C'eſt dans ce lieu que je viens de décrire
qu'Apollon veut obliger la princeſſe de demeurer quelque
temps. Elle luy fait connoiſtre qu'elle n'y peut demeurer,
parce qu'elle craint le retour de ſon pere, ou que la Reyne
ſa mere n'aille dans ſon apartement comme elle y va quelquefois à ces heures-là. Apollon dit un vers à part qui prepare

pare ce qu'il fait dans la suite, sans qu'on le puisse deviner. La Princesse allarmée du dernier entretien qu'il a eû avec Clitie, luy fait connoistre qu'elle aprehende qu'il ne retourne à elle. Clitie qui survient l'embarasse aussi: mais il s'en démesle adroitement & les laisse ensemble. Clitie qui ne s'abuse pas fait tout ce qu'une Amante interdite, troublée, & qui n'espere plus rien est capable de faire, & la princesse qui craint d'en estre touchée se retire. Clitie demeure quelque temps seule: & ce qu'elle dit justifie ce qu'elle vient de faire. Theaspe tout transporté de jalousie, luy vient dire qu'Apollon empeschant par un pouvoir divin, que la Reyne n'allast voir la princesse sa fille dans sa chambre, il en a pris la forme & le nom, afin de la voir sans estre descouvert. Apollon prepare cela dès l'ouverture de l'Acte. Le Roy arrive, & Clitie dont la jalousie ne garde plus de mesures, apprend cette avanture au Roy qui en sçavoit déja une partie, & qui avoit appris en chassant, des gens d'alentour, qu'on voyoit souvent le Soleil descendre autour de son palais. Ce Monarque donne ordre bas à son capitaine des Gardes pour la faire enterrer vive. Il s'estend ensuite sur le crime de sa fille, & dit cét ordre qu'il vient de donner. L'on ne doit pas s'étonner de cette cruauté, son caractere estant fondé par tout ou l'on parle de luy. Le prince veut aller au secours de la princesse: mais le ciel s'ouvre, & Venus portée par son Etoile, luy dit d'arrester & luy apprend que la princesse a perdu la vie, encore qu'elle fut innocente, & qu'elle a pris soin que ceux qui avoient ordre de la faire mourir ne differassent pas son trépas. Elle fait connoistre qu'ayant trouvé dans Orchame, une ame à la cruauté preparée, elle l'a facilement porté à se deffaire de sa fille, & que c'est le dernier coup qu'elle gardoit à Apollon, & dont il ne se doutoit pas. Elle fait voir le plaisir qu'elle a de publier elle-mesme qu'elle est vangée, afin que

E

l'on ne doute pas que la mort de Leucothoé est son ouvra-
ge. Les nuages l'envelopent, & Theafpe donne des mar-
ques d'un furieux defefpoir, & le Roy qui ne fçavoit pas son
amour l'apprend par là. On vient dire que Clitie est morte de
douleur à caufe que le Soleil ne vouloit plus la voir, parce
que le raport qu'elle avoit fait à Orchame, de l'entreveuë de
ce Dieu avec cette Princeffe, eftoit en partie caufe que ce
cruel pere l'avoit fait enterrer vive : & c'eft en effet pourquoy
il l'a fait mourir dans la Fable. Si j'avance fa mort de quelques jours, j'ay fait plus qu'Ovide pour la preparer, puifque
i'ay parlé par tout de fa langueur. Comme le mefme confirme
la mort de la Princeffe, Theafpe s'abandonne entierement
au defefpoir, & apoftrofant le Soleil, il luy dit qu'il devoit
faire quelque chofe pour luy marquer fon amour, & l'a faire
revivre. Quelque temps apres, les nuages s'eclairciffants pour
laiffer voir le palais du Soleil. Tout le Theatre fe change en
un Theatre de nuës, & la porte d'argent du palais de ce
Dieu, paroift comme Ovide la defpeint. La Mer eft gravée
deffus, & Neptune avec tous les Dieux Marins & les Tri-
tons & le Zodiaque fe voyent tout autour. Cette riche porte
qui femble d'argent eftant ouverte, laiffe voir le palais du
Soleil, fouftenu de plufieurs colomnes ~~dulapie~~, dont les
bazes & chapiteaux font d'or, & l'on peut dire avec juftice, que
l'on n'a jamais rien veu dans le Marais qui ayt approché de
ce grand Spectacle. On aperçoit d'abord fur des amas de
nuages, les heures, les jours & les mois qui ont couftume
d'accompagner le Soleil : & le Temps paroift au milieu avec
fa faux & fon horloge. On voit de grandes clartez qui fem-
blent les deftacher, & qui font de brillans éloignemens, dont
on n'a point encor veu fur aucun Theatre. Ces nuages
font à l'entrée du Palais du Soleil, fait par le mefme qui a
peint le Theatre des Songes & le mont Helicon. Il eft d'or,

dre dorique, avec des colomnes d'or, accompagnées de tous les ornemens d'une riche Architecture. Les voûtes font a arefte, & de lapis, le tout enrichy d'un nombre infiny de pierreries de toutes fortes de couleurs. Le Trofne du Soleil eft demy octogone, & tout couvert de pierres precieufes qui jettent un éclat qui furprendra le Spectateur. Les quatre Saifons veftuës comme on les dépeint font affifes fur les marches de ce Trofne, & accompagnent le Soleil qui eft affis dedans. Il declare ce qu'il a deffein de faire pour la Princeffe & pour Clitie. L'amour paroift enfuite, à l'entrée de fon Palais. Il dit à Apollon qu'il eft fatisfait d'avoir vangé fa mere, & qu'il peut deformais aymer fans craindre qu'il luy foit contraire. En finiffant ces paroles, il s'envole en fe precipitant, puis il va dans le Ceintre, en fe relevant, tout d'un coup lors qu'on croit qu'il va s'arrefter à Terre. Ce vol eft extraordinaire : & l'on n'en a jamais veu de femblable. S'il eft dû quelque glo re à l'Auteur pour l'invention de tant de Machines furprenantes, qui n'ont point encor efté veuës eftant d'une invention toute nouvelle: Il n'en fera pas moins dû au fieur de Beaulieu Ingenieur, & qui fait aller toutes ces grandes Machines fi l'execution répond au refte.

## F I N.

www.ingramcontent.com/pod-product-compliance
Lightning Source LLC
Chambersburg PA
CBHW030130230526
45469CB00005B/1896